Primera edición: octubre de 2024

© Textos: Enric Batiste Bastidas

© De la edición: Inventa't Comunicació
Tel. 977 24 88 83
variaeditio@gmail.com

ISBN: 978-84-128335-5-3
Depósito legal: T-994-2024

OTRAS 50 LIRAS DE POEMAS

Enric Batiste Bastidas

VARIA
editio

Gracias a Ederlinda por palabras.

A Gabriel por la larga vida unida.

A mis hijos: Ferran, Guillem y Berta.

Introducción

Este libro enfoca la lira desde diversas perspectivas:

- La Lira como instrumento musical de cuerda pulsada que se utiliza en la música clásica y tradicional: la *mousiké*, los coros y la eclosión del canto coral.
- La lira como estrofa poética: la estrofa de la lira en la poesía española.

El contenido original de poemas de este libro presenta una selección de 50 nuevas liras, ordenadas por fechas (desde el 12 de noviembre de 2023 al 31 de diciembre de 2023).

Temáticamente, estas 50 nuevas liras siguen el curso vital de la actualidad.

Formalmente, la métrica utilizada responde al esquema poético: estrofa de cinco versos de la métrica italiana y española, compuesta de tres versos heptasílabos (siete sílabas) y dos endecasílabos (once sílabas) con la disposición: 7a, 11B, 7a, 7b, 11B.

Lira instrumento musical

La lira es un instrumento musical de cuerda pulsada que se utiliza en la música clásica y tradicional.

La lira (del griego «λύρα», posteriormente en latín «lyra»), es un instrumento de cuerda punteada antiguo, con forma de ábaco, cuyo origen los griegos atribuyeron a Hermes, dios de la retórica y el comercio (otras versiones menos populares lo atribuyen a la musa Polimnia, una de las nueve musas artísticas, hijas de Zeus).

Fue el instrumento musical que talló Hermes y el que porta Apolo (dios de la música) como símbolo de la unificación del estado ciudadano, de la cultura, la música, la religión y las ciencias.

En todas las poblaciones griegas, este instrumento era muy importante en la vida cotidiana y popular, siendo muy frecuente hallar en las antiguas vasijas escenas donde se puede ver a los personajes ejecutando la lira y otros instrumentos cordófonos.

La lira es un instrumento musical que, como el arpa, se toca con las dos manos. Está compuesta por tres, seis y hasta doce cuerdas, dependiendo de su complejidad.

La lira de la antigüedad clásica se tocaba habitualmente rasgueando como una guitarra o una cítara, en lugar de ser punteada con los dedos como en el caso del arpa.

Una púa llamada plectro se sostenía en una mano, mientras que los dedos de la mano libre silenciaban las cuerdas no deseadas.

Una lira clásica tiene un cuerpo hueco o caja de resonancia (también conocido como resonador), que, en la antigua tradición griega, estaba hecho de caparazón de tortuga. De esta caja de resonancia salen dos brazos elevados, a veces huecos, y curvados hacia fuera y hacia delante. Están conectados cerca de la parte superior por un travesaño o yugo. Un travesaño adicional, fijado a la caja de resonancia, constituye el puente, que transmite las vibraciones de las cuerdas.

La nota más grave era la más cercana al cuerpo del músico; como las cuerdas no diferían mucho en longitud, se podía ganar más peso para las notas más graves con cuerdas más gruesas, o se afinaban teniendo una *tensión* más floja.

Las cuerdas eran de gut. Se tensaban entre el yugo y el puente, o a un cordal por debajo del puente.

Había dos maneras de afinar: una era sujetar las cuerdas a clavijas que podían girarse, mientras que la otra era cambiar la colocación de la cuerda en el travesaño;

es probable que ambos métodos se usaran simultáneamente.

Las liras se utilizaban sin diapasón, no habiéndose encontrado ninguna descripción o representación griega que pueda interpretarse como referida a uno.

Tampoco era posible utilizar un arco, ya que, a este respecto, la caja de resonancia plana era un impedimento insuperable.

Sin embargo, la púa o plectro se utilizaba constantemente. Se sujetaba con la mano derecha para hacer vibrar las cuerdas superiores; cuando no se utilizaba, colgaba del instrumento mediante una cinta. Los dedos de la mano izquierda tocaban las cuerdas inferiores (presumiblemente para silenciar aquellas cuyas notas no se deseaban).

Algunos instrumentos descendientes de la lira son la cítara, el arpa, la guitarra y el laúd, que continúan la tradición de la lira hasta nuestros días como los instrumentos del poeta y el trovador.

Los poetas han entendido por lira la más hermosa y más calmada armonía, así pues hace un gran papel en sus poemas y hablan con entusiasmo del placer que causa. La lira instrumento musical presentaba la ventaja de poderse cantar y acompañar con ella; y se servían de ella en los coros trágicos.

Al arte de tocar la lira se le llamaba *citaristica* o *lirística*, y al acto de tocaría se le daba diversos nombres, como *Lyrizein*, y a los tocadores: *liristas* y *citaristas*.

Largo sería el catálogo de los músicos que han sido célebres en este instrumento. La mitología señala como los más famosos a Apolo, Mercurio, Terpsícore, Orfeo, Lino, Anfión, Demódoco...

Todos los griegos aprendían la música y al principio o al fin de las comidas cantaban unas canciones llamadas escolias. Pasaba la lira de uno a otro y cada uno cantaba a su vez una estrofa acompañándose con ella.

Muchos siglos después, en su obra renacentista intitulada *Lira Barberina*, Giovanni Battista Doni compuso una colección de diferentes figuras de la lira. Le dio aquel título porque daba en ella la explicación de una que hizo fabricar para el cardenal Francesco Barberini según el sistema de los antiguos tal como él lo concebía.

En la Grecia preclásica, y con la evolución de las teorías de la armonía, donde definitivamente se cerró la discusión de que el número de notas debía ser 7, era frecuente utilizar liras y cítaras de siete cuerdas.

En la mitología egipcia, el dios Dyehuty estaba relacionado con la música y era considerado el inventor de la lira: se dice que su nombre proviene de la flor de lirio debido a su forma tan similar.

Dyehuty era el dios de la sabiduría, la escritura, la música y de la Luna. Estaba relacionado con la música y se le atribuía la invención de la lira. En este sentido, se dice que la lira proviene del arpa egipcia.

La Lira más antigua y sencilla tenía tres cuerdas, pero después fue pasando a tener cuatro, cinco, seis, siete e incluso doce. En Egipto, llegó a tener hasta dieciocho.

La *mousiké*

La *mousiké* es el término griego que se refiere al arte y la práctica de la música.

En la antigua Grecia, la *mousiké* abarcaba tanto la teoría musical como la interpretación y composición de música.

Era considerada una disciplina importante y estaba estrechamente vinculada a la educación y la cultura griega.

Los coros

Los coros serían el método para aprender y para justificar el paso de una a otra edad.

Los coros masculinos y femeninos se organizaban en parecidos grupos de edad, pero el masculino lo dirigía un *eirene*, es decir, un muchacho de unos 20 años, mayor por tanto que los chicos a los que dirigía, mientras que a las chicas las guiaba una directora de la misma edad que el resto.

Respecto a la actuación de los coros, un poeta procedía como educador, tanto de las muchachas como de los chicos.

Parece ser que no era una educación conjunta, sino que era paralela; realmente esto último tiene más sentido: que se educaran por separado, precisamente porque el objetivo de la enseñanza era diferente, aunque ambos tuvieran una educación de carácter público.

Sea como fuere, el poeta es siempre el director, compositor y educador. Pero no solamente eso, también es el intermediario entre el coro y la comunidad cívica, porque los poetas, en la Grecia Arcaica, eran los que transmitían los sistemas de valores.

La eclosión del canto coral. Alcmán

El canto coral comenzó en Grecia, con formaciones mixtas de hombres y niños, que cantaban para adorar a sus deidades.

Alcmán (s. VII a.C) era un poeta lírico griego. Fue uno de los creadores de la llamada lírica coral griega; de su obra solamente se conservan algunos fragmentos escritos en dialecto dórico.

Alcmán pasó gran parte de su vida en Esparta.

Según la tradición antigua, Alcmán nació en Sardes, pero llegó esclavo a Esparta.

Más tarde, como hombre libre, se convirtió en maestro de música y danza; y cultivó la poesía.

Alcmán es considerado uno de los creadores de la lírica coral griega y se dice que fue el primero en cultivar la poesía erótica.

De su obra sólo se conservan algunos fragmentos de sus *Partenias*, escritas en dialecto dórico.

Compuso canciones para coros de vírgenes y odas en las que alababa el amor y el vino.

Es célebre su fragmento sobre el sueño nocturno de los montes y barrancos.

En su obra es característica la narración mítica, las alusiones biográficas y las plegarias.

Alcmán permaneció probablemente toda su vida en Esparta y adoptó el dialecto dórico de la Laconia.

Fue maestro de música y danza, y aunque es el primer lírico coral cuya obra ha llegado hasta el presente, todos los testimonios demuestran que su producción se hallaba ya inserta dentro de una tradición muy sólida.

Los antiguos, que lo consideraban uno de los nueve poetas líricos canónicos, conocían cinco libros con sus versos.

La producción de Alcmán, estudiada por Aristóteles y los eruditos alejandrinos, incluía himnos, hiporquemas, peanes (cantos guerreros en honor de Apolo) y poemas eróticos, pero sus composiciones más famosas eran los partenios, cantos destinados a ser cantados por coros de vírgenes; constituían una variedad de los cantos de las procesiones.

Perdidas las obras de sus predecesores, los 117 fragmentos que se conocen de Alcmán son el único y más antiguo testimonio directo de la lírica coral.

Poeta de rica fantasía, lleno de gracia y de vigor, en su obra se encuentra por primera vez la división en estrofas, que se convertirá en regla constante de la lírica coral griega; más tarde, Estesícoro dividirá los coros en estrofas, antistrofas y epodos.

Todos los elementos del canto coral se encuentran ya en Alcmán: los poetas posteriores adoptarán formas más severas o una estilización más elevada.

La lira como estrofa poética.
La estrofa de la lira en la poesía española

Fue introducida en la literatura italiana por el poeta Bernardo Tasso, en sus *Amori* (1534).

En la lírica española fue introducida por el poeta toledano Garcilaso de la Vega, en su *Oda a la flor de Gnido*, que compuso cuando se hallaba en Nápoles entre 1532 y 1536.

Esta forma estrófica tomará el nombre del término lira que aparece en el primer verso del poema:

Oda a la flor de Gnido

Si de mi baja lira
tanto pudiese el son que en un momento
aplacase la ira
del animoso viento
y la furia del mar y el movimiento...

GARCILASO DE LA VEGA

Esta estrofa, que Garcilaso usó solamente una vez, será empleada repetidamente por Fray Luis de León.

Luis de León fue teólogo y poeta.

Para sus odas horacianas, ensayó asimismo distintas combinaciones breves de heptasílabos y endecasílabos, a las que llamó también liras.

Oda III a Francisco Salinas

El aire se serena
y viste de hermosura y luz no usada,
Salinas, cuando suena
la música estremada,
por vuestra sabia mano gobernada.

A cuyo son divino
el alma, que en olvido está sumida,
torna a cobrar el tino
y memoria perdida
de su origen primera esclarecida.

FRAY LUIS DE LEÓN

San Juan de la Cruz, que fue discípulo de Fray Luis de León en Salamanca, llevó esta estrofa de la lira a su perfección.

San Juan de la Cruz, fue un religioso y poeta místico del Renacimiento español.

Entréme donde no supe

Entréme donde no supe,
y quedéme no sabiendo,
toda sciencia trascendiendo.

SAN JUAN DE LA CRUZ

Después el uso de la lira será constante, aunque no es una de las estrofas más utilizadas.

Ya en el siglo XVII y hasta finales del XVIII la lira quedó casi olvidada como forma estrófica, reanudándose en la poesía neoclásica, sobre todo en las odas. Meléndez Valdés, Cadalso, Leandro Fernández de Moratín o Forner ofrecen buenos ejemplos.

Con las odas románticas alcanza nueva divulgación, especialmente en Hispanoamérica.

En el Modernismo, la lira de Garcilaso fue prácticamente olvidada, pero en la poesía contemporánea en España e Hispanoamérica, parece que comienza de nuevo a apreciarse.

OTRAS 50 LIRAS DE POEMAS

Edad que es tan de marras

Adormecer risueño
por mucho que te envuelvan varias barras
y no fruncir el ceño,
por poner antiparras,
amarrada de edad que es tan de marras.

12 de noviembre de 2023

Vocablos con recibo

Parecer persistir,
largar por el lenguaje respectivo
quien procura vivir,
sabiendo que está vivo,
recibiendo vocablos con recibo.

13 de noviembre de 2023

Que marchan y que gritan

Organizar contienda:
grandes hordas que en plazas, ponen, quitan,
agitación tremenda
en redes en que citan
muchedumbres que marchan y que gritan.

14 de noviembre de 2023

Ropajes de escenarios

Festejar camuflaje
con la imaginación con comentarios
de ropa de equipaje,
montón en los armarios
que visten con ropajes de escenarios.

15 de noviembre de 2023

Los votos vertebrados

Celebrar este clima
políticas, políticos lanzados,
coronar cumbre y cima
a izquierda presentados
con votos con los votos vertebrados.

16 de noviembre de 2023

Palabra inspiradora

Mejorar la medida
de entrada encontrada de escritora
que mueva de salida
la obra creadora
que aporte palabra inspiradora.

17 de noviembre de 2023

Dos puntos tan exactos

Guardar en las guardiolas
de espera de principios de los pactos
las sucesivas olas
que estrenen entreactos
tras pausas tras dos puntos tan exactos.

18 de noviembre de 2023

Las cartas con que ama

Prometer más momentos
de visitas Pilar de Valderrama,
aportar sus portentos
poética de drama
con Guiomar con las cartas con que ama.

19 de noviembre de 2023

Colecta signifiquen

Permitir repetidas
palabras personales que se expliquen,
que recojan qué pidas
con hongos y con liquen
figurar tal colecta signifiquen.

20 de noviembre de 2023

Papel con que se imprime

Seguir con su sonido
un verso sopesado que se rime,
balbuceo sentido
con música dirime
que suene en el papel con que se imprime.

21 de noviembre de 2023

Semana tras semana

Mostrar en tu jardín
y en terraza, balcón o bien ventana
en tiesto tu trajín
de planta de mañana
persistente semana tras semana.

22 de noviembre de 2023

Mejor versos conforman

Crear con este estilo
tales notas que guardan y que forman,
con aspecto tranquilo,
las páginas transforman
en libros que mejor versos conforman.

23 de noviembre de 2023

Presente solitario

Emprender en paisaje
recorrido crucial extraordinario,
popular personaje
que ve vacante en vario
comportarse en presente solitario.

24 de noviembre de 2023

Escala que es correcta

Apagar tantas luces
con esta conexión que es tan perfecta
en cables casi en cruces
cuadrícula conecta
de situación de escala que es correcta.

25 de noviembre de 2023

Con corte con destreza

Estrechar si se ensancha
con ponerse de pie con una pieza
pantalón de pata ancha
o prenda de dureza
con tijeras con corte con destreza.

26 de noviembre de 2023

Vivir la vida tuya

Enaltecer mirando
sin ver ninguna imagen, sino suya,
elogiar cómo y cuándo
se presente y no huya
deriva de vivir la vida tuya.

27 de noviembre de 2023

Votar tan evidente

Alegrar gratamente,
en una y otra vez, tan insistente,
directo de la gente
que pase simplemente
y termine en votar tan evidente.

28 de noviembre de 2023

Manera con capricho

Renovar el relato
hay tantos escritores que han dicho
con hacer inmediato
poner en entredicho
el modo y la manera con capricho.

29 de noviembre de 2023

Través del pilotaje

Recuperar timón
con conducción más viva con viraje,
acertar dirección,
maniobra y abordaje
de tirón de través del pilotaje.

30 de noviembre de 2023

Sentir que compenetras

Escribir con poemas
y tratar de tomar todas las letras
con canciones cual lemas,
palabras que perpetras
tú con tanto sentir que compenetras.

1 de diciembre de 2023

Acierto en conjunto

Cerrar este correo
no sé, que no lo sé, me lo pregunto,
si bien este garbeo,
paseo que apunto
dispuesto en acierto en conjunto.

2 de diciembre de 2023

Relatos que contaba

Rescatar un debate
olvidado de un tiempo que duraba,
valiente escaparate
narración que entraba
en tratos y en relatos que contaba.

3 de diciembre de 2023

Variante en el vivir

Atraer del presente,
no cabe el esperarse en existir,
sería simplemente
temor ante el sentir
en vez de una variante en el vivir.

4 de diciembre de 2023

Camino con acceso

Considerar, al cabo,
un trazo que conozca su suceso
en hora como un clavo,
y espacio con proceso
que encuentre este camino con acceso.

5 de diciembre de 2023

Notar tanta tensión

Protestar con canción
tu oído musical busca mención
de valor vacilón
que suena a alirón
y anima a notar tanta tensión.

6 de diciembre de 2023

Arder y acomodarse

Salvar atribuciones
y entre dos dependencias prodigarse,
en dos habitaciones
cabría cerciorarse
qué es querer, qué es arder y acomodarse.

7 de diciembre de 2023

Contar con lo contado

Acercar cada día
distinto, dedicado y delicado,
dar vueltas todavía
de páginas de lado
con sílabas contar con lo contado.

8 de diciembre de 2023

Continuo que comparte

Permitir tan sutil
bolsillo de chaqueta o baluarte
que visto de perfil
irá a acompañarte,
por transcribir continuo que comparte.

9 de diciembre de 2023

Escrito consistente

Responder con visión
que embiste con aliento cada lente,
reiterada tensión,
vocablo diferente
con final con escrito consistente.

10 de diciembre de 2023

La vida permanece

Reencontrarse en la tarde
de un día atolondrado que padece
pues el tiempo es cobarde
y apenas pasa y crece
y al compartir la vida permanece.

11 de diciembre de 2023

Cristales de vitrinas

Reunir colección varia,
de emociones de viajes que imaginas,
que es tan extraordinaria
decora tus cortinas
de tapas de cristales de vitrinas.

12 de diciembre de 2023

Niñez hasta vejez

Limpiar tantos parientes
siempre diversos modos cada vez
o idénticos pendientes
que encienden lucidez
de bruces de niñez hasta vejez.

13 de diciembre de 2023

Otoño rescatado

Inventar envoltura
cambiar coloración con sonrosado,
matiz rojo perdura
también anaranjado
con ocre con otoño rescatado.

14 de diciembre de 2023

Canción de itinerario

Enviar restablecido
retrato natural extraordinario,
camino conocido,
sonido de un diario
cantar de una canción de itinerario.

15 de diciembre de 2023

En pan corte en tarugo

Libar en tantas flores
abejas al sorber suave su jugo,
atraen los colores
a alimento o mendrugo
en madera y en pan corte en tarugo.

16 de diciembre de 2023

La cueva y el caveto

Parecer por escena
no alcanzar a ser Nadie en concreto,
la apariencia serena,
de Ulises en secreto
abandona la cueva y el caveto.

17 de diciembre de 2023

En tabla que trastean

Progresar menos manchas
por donde esas arrugas se pasean,
tus telas a tus anchas,
de prendas que se emplean
estiradas en tabla que trastean.

18 de diciembre de 2023

Acción con una vez

Cantar con varias cuerdas,
cada una interpretando a su vez
de unísono recuerdas
las voces y ajedrez,
coordinando acción con una vez.

19 de diciembre de 2023

De ramos de biznagas

Innovar de destreza,
dormida en la noche donde indagas
sutil delicadeza
de espigas que deshagas,
ramillete de ramos de biznagas.

20 de diciembre de 2023

Común y extraordinario

Proceso interactivo
sea de dos, o de uno, que diario,
ve participativo
del tiempo un calendario
de un día que es común y extraordinario.

21 de diciembre de 2023

Perpetuo aprendiz

Mostrar menos en mente,
con frente y con ojos, con nariz,
idea diferente,
matiz que es de raíz
de eterno y perpetuo aprendiz.

22 de diciembre de 2023

En tul tan entallados

Plantar plantas que pudo,
en tierra en los tiestos trasladados,
con tela con escudo
de vestidos tratados
en telares en tul tan entallados.

23 de diciembre de 2023

Volante vivamente

Conducir se constata
con ir con avanzar porque es valiente
prudencia porque trata
la prisa que presente
con giros con volante vivamente.

24 de diciembre de 2023

Tras trámites sagradas

Nacer natividades
diversas revestidas reservadas
mentiras o verdades
todas amontonadas
con credos y tras trámites sagradas.

25 de diciembre de 2023

Familia valoramos

Estimular sentidos
comiendo canelones compartamos
los platos bien servidos,
vitales decidamos
repetir en familia valoramos.

26 de diciembre de 2023

Con plato con cubierto

Cruzar menús sorpresa
esta restauración que con acierto
presenta su promesa
de gusto descubierto,
ingrediente con plato con cubierto.

27 de diciembre de 2023

Figuras que fenecen

Creer tu inocentada
con bromas conversando que se crecen
que dicen nada y nada
palabras que parecen
fantasmales figuras que fenecen.

28 de diciembre de 2023

Cantar, tararear

Finalizar frecuente
de días de este año tan dispar
con calor diferente
y sequía a contar
con cante y con cantar, tararear.

29 de diciembre de 2023

Distinto tras datar

Elegir figurado
lenguaje del sentido de expresar
la vida aquí a tu lado
con tiempo de pensar
contenido distinto tras datar.

30 de diciembre de 2023

Se inspira en amor

Lira de Garcilaso
instrumento que canta con ardor
de soldado acaso
con verso a una flor
en Nápoles se inspira en amor.

31 de diciembre de 2023

Sumario

Este libro —al cuidado de Varia Editio,
compuesto con tipos de letra *Warnock Pro,*
e impreso en los talleres de Ulzama—
vio la luz en octubre de 2024.